AF274608

Pedro de la Herrán
Gloria Galán

Carlo Acutis

La biografía del joven santo

Pedro de la Herrán
Gloria Galán

BIBLIOTHECA
HOMO
LEGENS

Con el agradecimiento a la
Asociación Amigos de Carlo Acutis
por haber cedido las fotografías
que se publican en este libro.

www.carloacutis.com

BIBLIOTHECA HOMO LEGENS

———————————

Primera edición: marzo de 2025
Segunda edición: julio de 2025
Tercera edición: diciembre de 2025

© Pedro de la Herrán, Gloria Galán
© Homo Legens, 2025
Calle Nicasio Gallego, 9, local
28010 Madrid
91 005 35 54
www.homolegens.com

———————————

ISBN: 978-84-17407-11-7
Depósito legal: M-27299-2025

———————————

Maquetación: Pablo Larrocha
Ilustración de cubierta: Paula Hervás

———————————

Impreso en España - Printed in Spain

———————————

ÍNDICE

PRESENTACIÓN **PÁG. 6**

ORACIÓN A CARLO ACUTIS **PÁG. 7**

INTRODUCCIÓN **PÁG. 8**

CAPÍTULO 1: «NO SALDRÉ VIVO DE AQUÍ» **PÁG. 10**

CAPÍTULO 2: LOS PRIMEROS AÑOS **PÁG. 14**

CAPÍTULO 3: «MI AUTOPISTA PARA LLEGAR AL CIELO» **PÁG. 18**

CAPÍTULO 4: «TODOS SOMOS CRIATURAS DE DIOS» **PÁG. 22**

CAPÍTULO 5: «JESÚS ES MI PROYECTO DE VIDA» **PÁG. 26**

📷 GALERÍA FOTOGRÁFICA **PÁG. 30**

CAPÍTULO 6: «MENOS YO, Y MÁS DIOS... Y LOS DEMÁS» **PÁG. 38**

CAPÍTULO 7: «¿CÓMO ESTAR TRISTES TENIENDO A DIOS?» **PÁG. 42**

CAPÍTULO 8: LOS MEJORES AMIGOS DE CARLO **PÁG. 46**

CAPÍTULO 9: «LA ÚNICA MUJER DE MI VIDA» **PÁG. 50**

CAPÍTULO 10: UN APÓSTOL PARA NUESTRO TIEMPO **PÁG. 54**

CAPÍTULO 11: UN GENIO DE LA INFORMÁTICA **PÁG. 58**

CAPÍTULO 12: «EL CIELO NOS ESPERA» **PÁG. 62**

PRESENTACIÓN

Te recomendamos este documental sobre Carlo Acutis producido por **EWTN**.

La canonización de Carlo Acutis es un motivo de acción de gracias a Dios por este jovencísimo santo que está desempeñando un destacado papel como ejemplo y referencia para los niños y jóvenes de hoy.

Pero Carlo Acutis es mucho más que un santo que enseña que los niños y los jóvenes de hoy también están llamados a la santidad. Su vida y su mensaje es como una síntesis de la santidad del cristiano en medio del mundo moderno inundado por las nuevas tecnologías de la comunicación. Y a la vez nos enseña que en la sociedad actual se puede tener un «proyecto de vida cristiano» amando a Dios y a todos los seres humanos en medio de las circunstancias específicas de este mundo moderno.

Para celebrar su canonización, Homo Legens va a dedicar a Carlo Acutis una colección de pequeños libros que tendrán a nuestro amigo Carlo como inspiración.

El primer libro de la colección es esta biografía dirigida a chicos y chicas entre 9 y 14 años. Sin duda, Carlo fue un gran catequista, que vio la necesidad de incorporar las nuevas tecnologías de la comunicación a la evangelización y a la catequesis.

Carlo estaba convencido de que «*la vida con Cristo es muy bella y hay que vivirla en plenitud*» también en el mundo atual. Confiamos en que las páginas y fotos de esta biografía ayuden a miles de niños y jóvenes a seguir la estela que nos dejó Carlo en su «autopista hacia el Cielo».

Los autores: Pedro de la Herrán y Gloria Galán

ORACIÓN A CARLO ACUTIS

Oh Dios, nuestro Padre,
gracias por habernos dado a Carlo,
modelo de vida para los jóvenes y mensaje
de amor para todos. Tú has hecho que
se enamore de tu hijo Jesús, haciendo de la
Eucaristía su «autopista hacia el cielo».
Tú le has dado a María como Madre muy amada,
y has hecho que con el Rosario se convirtiese
en un cantor de su ternura. Acoge su intercesión
por nosotros. Mira sobre todo a los pobres,
a quienes él amó y ayudó.
[También a mí concédeme, por su intercesión,
la gracia que necesito...]
Y haz que nuestra alegría sea plena,
conduciendo a Carlo entre los santos
de la Iglesia universal, a fin de que su sonrisa
siga resplandeciendo para nosotros
y para gloria de tu nombre.

Amén.

(Rezar un Padre Nuestro, un Ave María y un Gloria).

INTRODUCCIÓN

¿QUIERES SER FELIZ?

Seguro que tu respuesta es «SÍ». Eres muy joven y tienes toda una vida por delante. Seguramente ya empiezas a pensar en algunas cosas serias, como por ejemplo, qué te gustaría ser de mayor y a qué quieres dedicar tu tiempo libre. También ya sabes si se te dan mejor las mates que la lengua, si tienes facilidad para el deporte o si prefieres la música, los trabajos manuales o el dibujo...

Sea como sea, lo importante es que sepas que esas capacidades, aficiones o habilidades no las tienes por casualidad. Como lo oyes... ¡No hay nada casual! Todo eso responde a un plan de Dios. Él tiene pensado un plan muy concreto para ti desde antes de que nacieras, ¿sabes? Es como si Dios hubiera soñado contigo, y como es nuestro Padre maravilloso, que nos ama con locura... ¡su plan es perfecto!

Si quieres ser feliz, el camino más seguro es vivir conforme a ese plan que Dios te propone, buscando en cada momento cumplir la voluntad de Dios. ¡Eso es lo que han hecho los santos! Y te diré que los santos no han tenido que esperar a llegar al Cielo para encontrar esa felicidad, no, no... ¡Han sido felices siempre, también aquí en la tierra! Aunque hayan tenido contrariedades o enfermedades han sido felices porque sabían que ese camino era el plan de Dios para ellos; conocer y amar ese camino es el secreto de la felicidad.

Y una cosa importante: no hay que esperar a ser mayor para ser santo. Hay que empezar ya... ¡Hoy, ahora! Sin perder ni un minuto. ¿Que no te lo crees? Pues mira, en este librito que tienes entre tus manos vas a conocer la historia de un chico, muy joven y muy alegre como tú, y que ya está en el Cielo porque ES SANTO.

Se llama Carlo Acutis, sí, sí, Carlo, sin «s» al final, pues era italiano. Aunque nació en Londres, vivió casi toda su corta vida en Italia. Allí fue al colegio, conoció a sus amigos, practicó deporte y destacó por sus conocimientos de informática, ¡decían que era un genio del mundo digital! Él utilizó este talento para hacer llegar a miles de personas su amor a Jesús y a la Eucaristía.

Desde muy pequeño vivió cerca de Jesús, a quien consideraba su «mejor Amigo», y de la santísima Virgen, de quien decía que era «la única mujer de su vida».

Pero mira, no quiero adelantarte nada; lo mejor será que comiences a leer la vida de Carlo. Es fácil: pasa a la página siguiente y sumérgete en la apasionante historia de CARLO ACUTIS... ¡Te va a encantar!

CAPÍTULO 1

«NO SALDRÉ VIVO DE AQUÍ»

Voy a empezar a contarte la historia de Carlo Acutis por el final. Sí, ya sé que suena un poco raro, pero... ¿sabes? Lo hago porque el final es la parte más bonita de su vida, aunque te parezca raro.

Verás, para un verdadero cristiano no existe el final en nuestra vida, ya que sabemos (porque Jesús nos lo ha dicho), que morir es llegar a la meta del Cielo, donde viviremos junto a Dios, la Virgen, los ángeles y todos los santos. Será un estado de felicidad tan grande que ni con toda la imaginación del mundo nos podemos hacer una idea. Claro, hay que tener en cuenta que para disfrutar la eternidad de esta dicha, tenemos que vivir aquí en la tierra, como verdaderos hijos de Dios, sabiendo que vivir así es lo mejor para nosotros.

Pues bien, el final de la vida de Carlo es la parte más bonita... ¡porque él vivió así! Todas las personas que le conocieron quedaban impresionadas, por su simpatía, su

amabilidad, su trato exquisito con todos y, sobre todo, con su amor a Dios y a sus prójimos. Pero ya te lo iré contando poco a poco, ahora quiero que sepas como fueron sus últimos días en la tierra.

En el verano del 2006 Carlo, que acababa de cumplir 15 años, le preguntó a su madre: «¿Crees que debo ser sacerdote?», a lo que ella le contestó: «lo irás viendo tú solo, Dios te lo irá revelando». Si te fijas no se preguntó lo que «él» o su «su madre» querían, sino lo que «debía hacer». Él no pensaba en su vida como algo que tuviera que usar a su capricho, sino que sabía que la mejor decisión iba a ser siempre hacer lo que Dios quería de él. Y enseguida descubrió que el plan de Dios era... ¡llevárselo enseguida con Él al Cielo!

Después de las vacaciones de verano, Carlo estaba ilusionado por comenzar un nuevo curso y volver a ver a sus compañeros, amigos y profesores. Sin embargo, pronto empezó a sentirse mal, tenía dolores en los huesos y unos moretones en las piernas. Al principio el médico pensó que era una simple gripe, pero como cada día se encontraba peor le hicieron algunas pruebas y los médicos

encontraron que tenía una leucemia muy agresiva, es decir, un tipo de cáncer en la sangre que la mayoría de las veces es mortal y que, además, en el caso de Carlo, iba a ser muy rápido.

Pero Carlo ya lo sabía. Por una parte, Dios se lo había hecho ver de alguna manera, pues, después de su muerte, su madre encontró un breve vídeo en el que anunciaba: «estoy destinado a morir». ¡Y lo dice con una sonrisa! Por otro lado, el médico le explicó con toda claridad la enfermedad que padecía y las pocas posibilidades de curación que tenía.

El caso es que nuestro amigo se tomó la noticia con mucha serenidad, viendo todo de manera positiva, y les dijo a sus padres: «Dios me ha dado un toque de atención». Después, cuando le ingresaron en el hospital para intentar curarlo, miró con muchísimo cariño a su madre, pues conocía el dolor que todo esto le estaba causando, y con una sonrisa le dijo: «no salgo vivo de aquí, has de prepararte».

Carlo tenía un secreto que le hacía vivir esta situación con mucha paz. Él mismo lo reveló: «muero tranquilo, porque viví mi vida sin desperdiciar siquiera un minuto en cosas que no agradan a Dios». ¿Te das cuenta? ¡Ese es el gran secreto de la felicidad! También tú y yo, y todos, si vivimos evitando hacer cosas malas e intentando llenar nuestros días de cosas buenas, seremos felices en cada momento y cuando Dios nos llame estaremos preparados para dar el salto al Cielo.

En el hospital llevaron a Carlo a la sala de cuidados intensivos. Allí le pusieron una escafandra para que pudiera respirar bien. Ese aparato es algo parecido a esas cosas que se ponen los buzos en la cabeza y, como te imaginarás, le molestaba mucho, le impedía moverse y no podía toser. A pesar de eso, no se quejó, ofreció sus molestias por los pecadores y quiso rezar el rosario con su madre. Al día siguiente, pidió que le administraran la unción de los enfermos, que es un sacramento de curación, un regalo de Dios que ayuda a sanar (si conviene), a purificar el alma de quien lo recibe, y así llegar limpios de pecado a la presencia de Dios.

Tres días después, el 12 de octubre de 2006, nuestro amigo le dio a Jesús el abrazo más grande, pleno y feliz de toda su vida: Carlo ya estaba en el Cielo. Tenía entonces 15 años.

CAPÍTULO 2

LOS PRIMEROS AÑOS

Carlo Acutis había nacido en Londres el 3 de mayo de 1991 de padres italianos. Enseguida recibió el bautismo y, en septiembre de ese mismo año, la familia regresó a Italia y se instaló en Milán. Durante sus primeros años el pequeño Carlo convivió con su madre, Antonia, y con una niñera polaca, llamada Beata, las cuales le llenaron de cariño. Al cumplir los cuatro años, sus padres le apuntaron a la «escuela maternal», que hacia las funciones de una guardería.

Cuando Carlo tenía unos 6 años, descubrió a Alguien que le deslumbró: alguien que era la Persona más importante y atractiva del universo. ¿Sabes a quién descubrió? Descubrió a Jesús. Su niñera, Beata, le hablaba con frecuencia de Jesús con entusiasmo y con mucho amor.

—Mira, Carlo: Jesús también fue un niño como tú. Él es el Hijo de Dios, enviado por Dios al mundo para enseñarnos el camino del Cielo. Jesús —le contaba Beata a Carlo—, siendo Dios como su Padre del Cielo, vivió la mayor parte de su vida trabajando de carpintero en Nazaret. Cuando fue mayor, anunció el Evangelio, hizo muchos milagros, nos enseñó a amarnos los unos a los otros y, por último, murió en la Cruz ofreciendo su vida para salvar la nuestra y hacernos felices para siempre con Él en el Cielo.

Carlo, desde muy pequeño, se dio cuenta de que el amor de Dios es capaz de llenar la vida de un niño, sin que eso le convirtiera en un muchacho raro que no supiera disfrutar de la vida... ¡Al contrario! Carlo descubrió muy pronto que su felicidad consistía en imitar la vida de Jesús, en hablar con su Padre Dios y en amar a los demás para hacerlos más felices.

Era un niño muy sociable, simpático y de modales sencillos. Las maestras que le trataron en aquellos años destacan que era pacífico, es decir, que no le gustaba pelearse con nadie, y desde chiquitín buscaba resolver sus conflictos sin pegar ni enfadarse con ninguno de sus compañeros. En una ocasión, unos niños de su clase le hicieron daño en una pelea infantil. Pues bien, fíjate si era pacífico, que cuando un adulto (seguro que sin pararse a pensarlo) le dijo que debía defenderse y pegar él también, Carlo le contestó: «no lo voy a hacer, pues eso seguro que disgustaría a Dios».

Quiero contarte también algo acerca de la familia de nuestro amigo. Sus papás eran de buena posición, lo que hizo posible que a Carlo no le faltase nada; podía tener, si quería, una vida cómoda y despreocupada. Pero, al contrario de lo que muchos otros niños hacen, él nunca se «chuleaba»; al contrario, se preocupaba por los pobres, hasta el punto de que una vez gastó sus ahorros comprando un saco de dormir para un hombre que vivía sin hogar y que dormía en la calle.

Durante las vacaciones de verano se iba con sus abuelos a descansar a una casa que estaba en un sitio precioso, en medio de la naturaleza. ¡Ah! Llegó a tener varios perros con los que se divertía haciendo películas, que luego proyectaba a su familia y a sus amigos.

Como puedes ver, era un chico lleno de vitalidad y alegría, que disfrutaba de la vida, de los amigos y de su familia. Y, sin embargo, todo eso no le impedía acercarse cada día más a Dios, porque ser amigos de Jesús nos hace más felices y más «disfrutones».

Para que veas cómo actúa la gracia de Dios, te

contaré que sus padres no eran muy religiosos, o sea, que iban poco a la iglesia y no rezaban mucho. Según ha contado su madre, ella solo fue a Misa cuando hizo su primera Comunión y cuando se casó, pues no le daba importancia al trato con Dios. Y, justamente, fue Carlo quien le descubrió la maravilla que supone ser hijos

«DESDE TEMPRANA EDAD, CARLO TUVO LA EXPERIENCIA DE UNA PARTICULAR ATENCIÓN DE DIOS, SU DIÁLOGO CON ÉL ERA CONTINUO Y ALGUNA VEZ DIJO QUE EL SEÑOR SIEMPRE RESPONDÍA A SUS ORACIONES».
(ANTONIA SALZANO, «EL SECRETO DE CARLO ACUTIS» PAG. 68)

de Dios. Gracias a él, poco a poco, sus padres comenzaron a llevar una vida diferente y a ir a Misa con frecuencia.

¿Te imaginas el bien que tú puedes hacer a las personas que te rodean? Si haces como Carlo, y tratas todos los días a Jesús y a su madre, la Virgen María, si amas a los demás y rezas por ellos, si los demás ven en ti el amor y la felicidad que sientes por ser hijo de Dios, casi sin darte cuenta, harás mucho bien a todos, y... ¡¡¡ayudarás con tu vida cristiana a que el mundo mejore!!!

Puedes pedirle a Carlo que te ayude a hacer este propósito: hablar mucho con Jesús, ayudar en lo posible a los demás, y que los que te rodean vean lo estupendo que es vivir cerca de Jesús como procuras hacer tú.

CAPÍTULO 3

«MI AUTOPISTA PARA LLEGAR AL CIELO»

¿Has hecho ya tu Primera Comunión? Seguro que recuerdas muchas cosas que te sucedieron aquel día tan especial.

Pero... ¿te acuerdas de todo lo que te explicaron antes de hacerla? Haz memoria y verás cómo sí, porque tu catequista, papá y mamá, o alguno de tus abuelos, tenían mucho interés en que conocieras muy bien lo maravilloso que es este Sacramento. En él recibimos realmente a Jesús, el mismo Jesús que nació en Belén, vivió en Nazaret, resucitó a Lázaro y murió por nosotros en la Santa Cruz, y al tercer día resucitó y subió al Cielo. Y que ahora está verdaderamente presente en cada Sagrario.

Pues fíjate lo que le sucedió a nuestro amigo Carlo: cuando comprendió que podía recibir al mismísimo Jesús en la Sagrada Comunión, y unirse a Él de una manera tan intensa... ¡no quería esperar a tener la edad recomendada para hacerlo! ¡Quería recibir a Jesús lo antes posible!

Pues bien, Carlo, que tenía siete años recién cumplidos, comenzó a hablar de vez en cuando con un sacerdote.

Entre otras cosas, le hacía ver que quería recibir lo antes posible su primera Comunión. Le decía que no quería esperar dos o tres años. Que quería recibir a Jesús ¡ya!, pero ¡ya!.... Fue tanta su insistencia, que el buen sacerdote, que se llama Illio Carrai, después de hablar varias veces con Carlo, se dio cuenta de que aquel niño estaba perfec-

tamente preparado para recibir su Primera Comunión.

Pero... ¿por qué nuestro amigo tuvo este privilegio? Ese sacerdote lo ha contado después de la muerte de Carlo. En primer lugar, Carlo creía firmemente en que «Jesús está realmente presente en la Sagrada Eucaristía. Como cuando, en tiempo de los apóstoles, los discípulos podían verle en carne y hueso y caminar o hablar con Él por las calles de Jerusalén». Esta fue la respuesta de Carlo cuando el padre Carrai le preguntó en qué creía.

En segundo lugar, nuestro amigo Carlo estaba convencido de que la Eucaristía era «su autopista hacia el Cielo». Ya sabes que una autopista es una carretera ancha y bien asfaltada, en la que se puede correr más rápido que en ninguna otra.

Con estas frases, Carlo quería decir que, gracias a la Sagrada Comunión, todos podemos vivir más unidos a Jesús, y, por lo tanto, caminar rápidos y seguros hacia el Cielo.

> DECÍA CARLO ACUTIS QUE RECIBIR EL SACRAMENTO DE LA PENITENCIA Y LA SAGRADA EUCARISTÍA CON FRECUENCIA ES COMO IR POR UNA AUTOPISTA QUE NOS LLEVA AL CIELO DE MODO SEGURO Y VELOZ.

Por fin, Carlo consiguió hacer realidad su mayor deseo de recibir en su cuerpo y en su alma a su mejor Amigo, a Jesús. Desde esa fecha, comenzó a ir todos los días a Misa y hacer un ratito de adoración delante del Sagrario. Si te paras a pensarlo, esto debería ser lo normal, pues, si cada día podemos recibir a Jesucristo en la Eucaristía, ¿por qué vamos a conformarnos con hacerlo solo los domingos, o una vez de tarde en tarde?

Párate ahora un poco y piensa una cosa... ¿Tú das besos a papá y mamá solo un día a la semana o una vez al mes? Pues... ¡noooo! Los quieres mucho y se lo demuestras todos los días, ¿verdad? Pues Jesús no es menos importante que papá y mamá; y, además, te quiere mucho más de lo que nadie te pueda querer en este mundo.

Por eso, a Carlo le extrañaba mucho que algunas personas no valorasen la Misa. Una vez, comentó a su madre que era muy raro ver cómo había personas que hacían cola mucho tiempo para ver un partido de fútbol, o un concierto, y que, sin embargo, a veces apenas había gente en la iglesia los domingos.

Como esto le causaba mucha extrañeza y mucha pena, decidió quedarse en la iglesia siempre que podía, para hacer un ratito de adoración ante Jesús sacramentado. A veces lo hacía antes de la Misa; otras veces, después. Y en su corazón, después de recibir a Jesús, le decía esta bonita oración:

«Jesús, ¡ponte cómodo! ¡Hazte cuenta de que estás en tu casa!». «Ponte cómodo...» ¿Se te ocurre qué podemos hacer para que Jesús esté un poco más «cómodo» en nuestra alma?

Y tú, y yo, y todos, podemos imitarle haciendo como él: tener un «director espiritual», confesarnos con frecuencia, y recibir a Jesús en la Sagrada Eucaristía siempre que nos sea posible; al menos, en la Misa de cada domingo. Ese camino, según Carlo, es como una autopista que nos lleva al Cielo.

CAPÍTULO 4

«TODOS SOMOS CRIATURAS DE DIOS»

¡Hola, amigo! Te llamo así porque estoy segura de que, si vas ya por este capítulo, es porque estás haciendo una bonita amistad con Carlo, ¿verdad?

Y, hablando de amigos, dime: ¿tú tienes muchos o pocos amigos? Sea cual sea tu caso, dale gracias a Dios, porque los amigos son un verdadero tesoro. Carlo tenía muchos amigos. Si aprendes a tratarlos como hacía Carlo, cada día tendrás más amigos. Tú los querrás a ellos y ellos te querrán a ti.

El gran secreto de Carlo para ganar tantos amigos fue mirar a los demás como lo que son: criaturas de Dios, hijos de Dios y hermanos nuestros. Esto es lo que hacía, de tal manera que ninguna de las personas que le conoció se quedó indiferente.

Nunca peleó con ningún compañero; es más, si alguno le ofendía, Carlo encontraba alguna excusa en su favor. Si veía que algún niño de su clase se quedaba solo y aislado, ahí estaba él para acompañarlo, para jugar con él en el recreo o para compartir bromas. Todo esto lo conseguía pensando: ¿Qué haría Jesús en mi lugar?

¿Cómo se comportaría en esta circunstancia? Y siempre encontraba una respuesta amable y positiva. Carlo sabía que esa es... ¡¡la mejor receta!!

Te voy a contar más cosas. Como ya te dije, Carlo era un chico que pertenecía a una familia adinerada. Como consecuencia de ello, vivía en un barrio elegante, en el que trabajaban muchas personas al servicio de los residentes. La mayoría eran emigrantes, que no llevaban una vida fácil. Algunos  de los vecinos pasaban a su lado sin mirarlos siquiera, como si fueran transparentes. Sin embargo, Carlo siempre tenía para ellos un saludo o una sonrisa amable.

A veces, les daba los buenos días, les preguntaba por su salud, o charlaba un ratito con el portero, el barrendero o la señora de la limpieza. ¡Y es que nuestro amigo veía en todos ellos criaturas de Dios, hijos de Dios! Entendió desde muy pequeño que el valor de las personas no está en su condición económica o social, sino que todos, pero todos, somos iguales, todos somos amados por Dios y valemos la sangre de Jesucristo.

De manera especial, veía a Jesús en los pobres. En la puerta de la iglesia, siempre se encontraba con alguno. A veces, se paraba a saludarles, o les llevaba parte de su cena. Con su propio dinero (no se lo pedía a papá, sino que lo sacaba de su hucha) les compraba algo de comida, un refresco o una prenda de abrigo. Pero, sobre todo, les daba un rato de su tiempo, algo que, con frecuencia, es tan importante como el alimento material.

ESTE ES EL TESTIMONIO DE UNA DE ESTAS PERSONAS: «CONOCÍ AL JOVEN CARLO ACUTIS PORQUE YO PEDÍA LIMOSNA EN LA IGLESIA SANTA MARÍA SEGRETA. CUANDO SALÍA DE LA MISA, CON FRECUENCIA ME DABA DINERO DE SU MENSUALIDAD Y CHARLABA CONMIGO PARA CONFORTARME. TODAVÍA RECUERDO SU GENTILEZA, SU GRAN GENEROSIDAD Y SU GRAN FE...»

(«CARLO ACUTIS», CIUDAD NUEVA, PÁG. 161)

Para poder llegar a más personas, Carlo se hizo voluntario en un centro dedicado a obras de caridad, desde el cual se repartían hasta cinco mil comidas diarias. Por si no lo sabes, te diré que ser voluntario significa... ¡trabajar gratis, solo por amor de Dios y al prójimo!

Como te he dicho antes, la amistad es un tesoro, y cuando nos comportamos como Dios quiere, podemos hacer un bien enorme. Para que te hagas una idea, te cuento el caso de Rajesh, un hombre joven que fue contratado como empleado doméstico en la casa de Carlo. Su trabajo consistía en ayudar en las tareas del hogar. Para poder vivir, Rajesh tuvo que dejar su país, la India, y a su familia. Pero estaba feliz y agradecido por haber encontrado un buen trabajo en Milán, en la casa de Carlo.

Pero lo mejor que le ocurrió a Rajesh fue conocer a Carlo. Él nunca había oído hablar de Jesucristo y desconocía que él también era hijo de Dios y la llamada a la santidad que Jesús había dirigido a todos los hombres.

Así que nuestro Carlo, dentro de ese clima de amistad con Rajesh, le empezó a hablar de Jesús, el Hijo de Dios, que nos ama a todos, sin excepción, que había dado su vida por él y por todos los hombres; que él era muy amado por Dios y estaba destinado al Cielo. Rajesh se entusiasmó con todo lo que Carlo le contaba y, arrastrado por su ejemplo, acabó abrazando la fe católica; se bautizó, y ahora es un buen cristiano. ¡Y todo esto gracias a la amistad con Carlo!

Por eso es muy importante que tú quieras mucho a tus amigos; dales buen ejemplo, reza por ellos y háblales de Dios.

CAPÍTULO 5

«JESÚS ES MI PROYECTO DE VIDA»

¿Cuántas películas de superhéroes has visto? ¿Cuál es tu preferido? La verdad es que casi todos molan mucho, ¿verdad? Sería muy guay tener una fuerza extraordinaria, correr como el viento, conducir un coche fantástico y sobre todo... ¡volar!

A mí me gustaría tener el poder de hacerme invisible en algunos momentos para gastar unas bromas... ¿Te lo imaginas? Como bien sabes, todos estos personajes son fruto de la fantasía de sus autores, que, sin duda, poseen una gran imaginación.

A Carlo también le atraían personajes tan conocidos como Spider-Man, Batman, Superman o Hulk. A veces, leía algún cómic o disfrutaba yendo al cine con sus amigos a ver una de esas películas con un buen paquete de palomitas. Sin embargo, como te pasa a ti, Carlo era consciente de que todos esos héroes no existen en la realidad y de que solo sirven para pasar el rato.

Carlo, desde los seis o siete años recibió una especial ayuda de Dios para entender que el más grande superhéroe de la historia ha sido, mejor dicho, es JESUCRISTO. Nuestro Señor, en su paso por la tierra, hizo milagros portentosos, dio la vista a ciegos, resucitó a muertos, calmó la tempestad en un instante... Sin embargo, al final no lo llevaron a hombros, triunfalmente, sino que fue crucificado por sus enemigos. Murió, y su cuerpo fue depositado en un sepulcro. Pero, lo maravilloso es que al tercer día resucitó, lleno vida, y ascendió al Cielo.

A lo largo de la Historia, millones de hombres y mujeres, de todas las razas y lenguas, han sido discípulos suyos, han seguido sus enseñanzas y muchos han muerto invocando el santo nombre de Jesús con la esperanza del encuentro con él en la Gloria.

Carlo Acutis fue uno de esos seguidores de Jesús. Desde que recibió el sacramento del Bautismo, Carlo se convirtió en discípulo de Jesús y, poco a poco, fue amándole más y más. En este punto, Beata, la niñera polaca de la infancia de Carlo, tuvo una gran influencia. Ella, según hemos sabido por la madre de Carlo, le contaba relatos sencillos de los Evangelios, rezaba con él algunas oraciones, y le enseñaba con su ejemplo de buena cristiana. Así, Beata fue sembrando en el corazón de Carlo unas semillas de fe que, con el tiempo, echarían raíces y darían mucho fruto.

Ver FOTOS 31 y 33 de la galería fotográfica

> " "
>
> «PODEMOS ENCONTRAR A DIOS, CON SU CUERPO, CON SU ALMA Y SU DIVINIDAD PRESENTE EN TODOS LOS SAGRARIOS DEL MUNDO».
> Y SE PROPUSO VIVIR LA CARIDAD SIGUIENDO EL LEMA: «PRIMERO LOS DEMÁS Y DESPUÉS YO».

Cuando Carlo tenía nueve o diez años, sería ya consciente de la infinita diferencia entre los llamados «superhéroes» y Jesucristo. Carlo había aprendido que Jesús es el Hijo de Dios, enviado al mundo por su Padre Dios para salvarnos del pecado y guiarnos hacia el Cielo, donde los amigos de Jesús viven con Él felices para siempre.

Sería Beata quien contó a Carlo, desde muy pequeño, que Jesús, antes de subir al Cielo, había dejado a los suyos un tesoro maravilloso: la Eucaristía. Le explicaría, con palabras llenas de fe y de amor, que Jesús, en la Última Cena, hizo un milagro portentoso: convertir el pan en su Cuerpo y el vino en su Sangre; y ordenó a los doce Apóstoles hacer lo mismo que él había hecho. Desde ese momento, en la Consagración de la Misa, lo que parece pan ya no es pan, sino el Cuerpo de Cristo; y lo que parece vino ya no es vino, sino la Sangre de Jesucristo.

Carlo entendió que Jesús, al ser todopoderoso, tenía el poder de transformar una cosa en otra, como había hecho en las bodas de Caná al convertir el agua en vino. Si lo pensamos bien, esto no debe asombrarnos demasiado: si Dios ha creado el mundo de la nada, ¿no va a poder cambiar una cosa en otra?

La presencia real de Jesús en la Eucaristía fue para Carlo la máxima expresión del Amor de Dios al ser humano. ¡Tanto ama Dios al hombre que ha inventado la manera de que el hombre pueda alimentarse de Dios! Este pensamiento caló de tal modo en su mente y en su corazón que comenzó a ver en la Eucaristía su verdadero «proyecto de vida», es decir, el camino que Dios le ofrecía para que su existencia estuviera llena de Dios, mediante la Comunión Eucarística diaria.

Ayudado por la Gracia, se dio cuenta de que la vocación del cristiano es vivir siempre unidos a Jesús y seguir su modelo de vida; por eso, repetía con frecuencia: «Estar siempre unido a Jesús, ese es mi proyecto de vida».

Tú y yo también deberíamos tener como «proyecto de vida» imitar a Jesús. Y, sin duda, nos ayudará conocer bien la vida de nuestro amigo Carlo, que nos dejó muy claro su proyecto de vida: «Un ejercicio constante de la caridad con todos los que tenía cerca, sin excluir a nadie.»

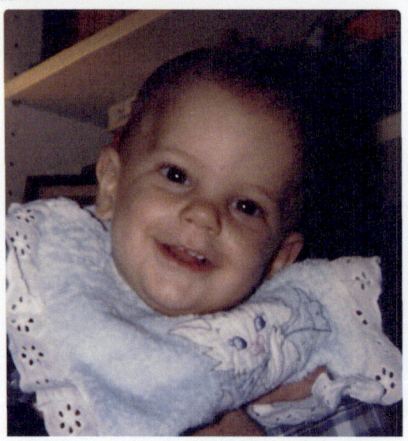

FOTO 1: Carlo Acutis, de bebé, en la espalda de su mamá Antonia.

FOTO 2: ¡Qué feliz se sentía Carlo en brazos de mamá!

FOTO 3: La cara y la sonrisa de Carlo es la de un niño muy feliz.

FOTO 4: A los 3 años, tocando el tambor con mucho entusiasmo.

FOTO 5: ¿Hacia dónde correrá el pequeño Carlo rodeado de palomas?

FOTO 6: A los 5 años muy sonriente y con cara de pillo.

FOTO 7: Carlo a los 5 años celebrando la Navidad con su perrito.

FOTO 8: Sentado en un sofá parece un niño que se va a comer el mundo.

FOTO 9: Su afición a los superhéroes comenzó muy pronto.

FOTO 10: En esta foto, con 6 años, parece que va para actor de cine.

FOTO 11: Aquí la cara de Carlo muestra que planea en su casa una trastada de las buenas.

FOTO 12: Si Carlo ha sido capaz de hacer ese muñeco de nieve, se merece un premio.

FOTO 13: ¡Perfectamente equipado para caminar por la nieve!

FOTO 14: ¡Carlo amaba la naturaleza y quería con locura a sus perros!

FOTO 15: Junto a una imagen de la Virgen María el día feliz de su primera Comunión

FOTO 16: Otra foto de ese feliz día. Fue en el Monasterio de Romite, de monjas de clausura.

FOTO 17: Junto a su amigo Rajesh, empleado doméstico de los Acutis.

FOTO 18: A Carlo le encantaba conducir. ¡Era un disfrutón de la vida!

FOTO 19: De su pasión por los coches es muestra esta foto, en una exposición de coches.

FOTO 20: El agua parece muy fría, pero Carlo no tenía miedo a nada.

FOTO 20: Carlo nos saluda. ¡Qué feliz se sentía disfrutando en la nieve!

foto 21: Celebrando su cumpleaños. ¿Será capaz de encender y apagar tantas velas?

FOTO 22: Muy pronto entendió Carlo la relación entre los corderos y la Eucaristía.

FOTO 23: Ante una imagen del Buen Pastor. Era una de sus imágenes preferidas.

FOTO 24: Esquiando en los Alpes, donde participó en varios campeonatos.

FOTO 25: Con el equipo de futbol del Liceo donde estudió la Secundaria. El fútbol le apasionaba.

FOTO 26: No llegaba a ser Messi, pero lo hacía bastante bien.

FOTO 27: A Carlo le encantaba celebrar la Navidad junto a su familia.

FOTO 28: Posando con Rajesh, el empleado hindú de su casa, que era íntimo amigo suyo.

FOTO 29: En un día de excursión. En la naturaleza palpaba la presencia de Dios.

FOTO 31: La Última Cena, con Carlo recostado sobre el Corazón de Jesús.

FOTO 30: De viaje por Francia con sus padres. Aquí está en París, al pié de la Torre Eiffel.

FOTO 33: Collage de Carlo con la Virgen María, la Eucaristía y algunos astros del Universo.

FOTO 32: Carlo con sus mejores amigos: Jesús, María y la Eucaristía en su corazón.

FOTO 34: Con 15 años cumplidos, posando en una excursión con su característico niky rojo.

FOTO 35: Puerto de la ciudad costera donde su abuelo tenía un pequeño barco de recreo.

FOTO 36: Carlo, con su mochila y niky rojo, y una maquina de tomar fotos en sus manos.

FOTO 37: Carlo era un excelente montañero. En esta foto se divisa un gran panorama.

FOTO 38: En esta foto se ve a Carlo en una de sus excursiones en medio de la nieve.

FOTO 39: Viajando por España (Toledo).

FOTO 39: Foto tomada en uno de sus viajes a España.

FOTO 41: Carlo es conocido como «el apóstol de internet».

FOTO 40: Carlo en su visita a Fátima.

FOTO 42: Ceremonia de bendicion de la nueva sepultura de Carlo Acutis en Asis.

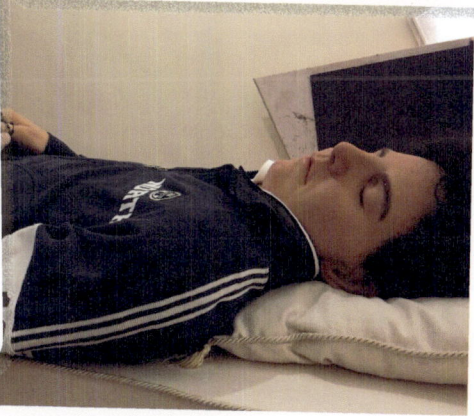

FOTO 43: Urna de cristal en la que se conserva el cuerpo de Carlo.

CAPÍTULO 6

«MENOS YO, Y MÁS DIOS... Y LOS DEMÁS»

Carlo sentía una gran admiración por los primeros cristianos, que fueron capaces de ser sal y luz en medio de un mundo pagano, al que consiguieron convertir al cristianismo.

La historia de San Tarsicio, el mártir de la Eucaristía, le conmovía profundamente. Había leído que Tarsicio, con solo unos 12 años, se había ofrecido al papa a llevar la Sagrada Comunión a los cristianos que, en las mazmorras, esperaban anhelantes ese alimento divino, antes de ser arrojados a los dientes de los leones.

Antonia Salzano, cuenta en su libro sobre su hijo que «Carlo, desde su primera Comunión hizo de la Eucaristía el centro de su vida, mejor aún, un encuentro de amistad viva con Jesús» (pág. 204). Carlo fue entendiendo que el Amor de Cristo que recibía en cada Comunión, debía comunicarlo a los demás en forma de caridad, bondad y alegría.

En cada Comunión se sentía encendido en el Amor a Jesucristo y en deseos de amar a los demás como Jesús los ama. Cristo le pedía llevar ese Amor a los más necesitados: a los pobres, los enfermos, los discapacitados, los emigrantes, los pecadores... Y, poco a poco, fue descubriendo el rostro de Jesús en cada uno de ellos.

A medida que iba creciendo, se fue afianzando más en él un nuevo lema: «Menos yo, y más Dios y los demás». Su madre cuenta en su libro «El secreto de Carlo Acutis» (pág. 166) que un día le dijo que había tenido una «locución» de su Ángel de la Guarda», que le dijo: «No busques tu amor propio, sino la gloria de Dios».

Carlo quedó muy impactado y entendió que el ángel le había dicho que el mayor enemigo de Dios es la soberbia, el querer imponer el «yo humano» sobre todo lo demás. Ese es el principal enemigo del ser humano porque lo aparta de Dios y de los demás, enfrenta a unos contra otros, y quita la paz y la alegría.

Ese día descubrió Carlo que «el aniquilamiento de la soberbia, el orgullo y el amor propio desordenado debe ser el trabajo constante de todo verdadero cristiano, si quiere seguir los pasos de Jesucristo» («El secreto de Carlo Acutis», página 166). Si llegamos a vencer nuestra soberbia con la ayuda de la gracia, sigue diciendo Antonia Salzano, desaparecerán los crímenes de la tierra y todos los hombres vivirán como hermanos; solo cuando lleguemos a estar libres del pecado y de todo apego que nos aleje de Dios, podremos ser verdaderamente felices y estar serenos.

Según su madre, así pensaba Carlo Acutis. A la edad de catorce años, sus padres inscribieron a Carlo en el Liceo León XIII de Milán para cursar la enseñanza secundaria. El Liceo estaba regentado por los padres jesuitas, que inmediatamente se dieron cuenta de la excepcional calidad humana y espiritual de Carlo.

Desde el comienzo de las clases, Carlo se sintió muy a gusto entre los profesores y sus compañeros de estudios.

Un rasgo que llamó la atención del padre Gazzaniga fue la atención de Carlo hacia algunos niños y niñas que necesitaban más tiempo para familiarizarse con el nuevo ambiente de la escuela. Carlo se acercaba a ellos con naturalidad y respeto, y con su simpatía les hacía más fácil su integración en las actividades del instituto.

Por otro lado, Carlo nunca ocultó su fe y en sus conversaciones con compañeros de clase siempre se mostró respetuoso con las posiciones de los demás, pero sin renunciar a exponer claramente y con serenidad los principios que inspiraban su vida.

Ese verano, hizo un viaje con sus padres a Barcelona. Carlo quedó entusiasmado al visitar la Basílica de la Sagrada Familia, del arquitecto Antonio Gaudí, cuya causa de canonización está iniciada y al que se apoda «el arquitecto de Dios». Carlo comentó después que en un tiempo de tantos ataques al matrimonio y a la familia, en medio de una crisis tan grande para la institución familiar, este santo arquitecto quiso mostrar un signo extraordinario de fe y de esperanza en el futuro de la familia cristiana a través del bellísimo templo de la Sagrada Familia.

Aunque Carlo falleció muy joven y fue acogido en todas partes con enorme afecto y simpatía, también gustó la amargura de las ofensas cuando algunos de sus compañeros se burlaron de él porque iba a Misa o porque su forma de vestir no estaba a la moda. En todo caso, su vida fue siempre profundamente evangelizadora.

" "

UN DÍA ESCRIBIÓ CARLO EN SU CUADERNO: «LA VIDA ES UN REGALO, MIENTRAS ESTEMOS EN ESTE PLANETA, SIEMPRE PODEMOS AUMENTAR NUESTRO NIVEL DE CARIDAD».

CAPÍTULO 7

«¿CÓMO ESTAR TRISTES TENIENDO A DIOS?»

¿Te has fijado en esos niños pequeños que tratan de caminar y, después de dos o tres pasos, caen al suelo? A veces, se levantan con una sonrisa y vuelven a intentarlo de nuevo. Otras, tienen cerca a papá o a mamá que les ayudan a levantarse y les animan a un nuevo intento.

Algo así sucede en el sacramento de la Penitencia, en el cual, después de nuestras caídas, Dios nos acoge lleno de amor y de misericordia y nunca se cansa de perdonar y de animarnos a caminar de nuevo.

Cuentan los Evangelios que un día le llevaron a Jesús en una camilla a un hombre paralítico. Jesús lo curó y, además, le perdonó sus pecados. Este gran poder, Jesús se lo dio a los Apóstoles (y a sus sucesores, los sacerdotes) antes de subir al Cielo. Los sacerdotes ejercen ahora ese poder de Jesús en el Sacramento de la Penitencia.

Carlo amaba mucho este sacramento. Y, desde niño, entendió muy bien que Jesús dejara a su Iglesia un sacramento que perdonara los pecados cometidos después del Bautismo. En este sacramento no nos encontramos con un hombre cualquiera, sino que es el mismo Jesús quien nos acoge con amor, nos levanta, nos perdona de cualquier pecado por grave que sea, y nos da la fuerza de su gracia para continuar.

Al crecer su devoción a la Eucaristía, creció también en Carlo su estima del sacramento de la Penitencia. Conocía sus defectos y no tenía ningún reparo en acudir al sacerdote, a Jesucristo, para ser acogido en sus brazos y recibir el perdón de los pecados que hubiera cometido.

Carlo se confesaba con frecuencia. Lo hacía con don Mario Perego, un sacerdote jubilado que colaboraba en su parroquia. Poco a poco, tomó la costumbre de acercarse cada semana al sacramento de la reconciliación, para dar gracias al Señor por los dones que había recibido y, sobre todo, para pedirle perdón por las faltas que hubiera cometido desde la confesión anterior. Estas, seguramente serían cosas pequeñas, pero para Carlo, eran faltas de amor a Dios y a sus prójimos, y deseaba recibir el perdón de Dios.

Carlo quería mejorar en todo: en el amor a sus padres, en la relación con sus amigos y compañeros, en el aprovechamiento del tiempo, en los estudios, en la virtud de la santa pureza, en su vida espiritual; en definitiva, en su amor a Dios y a los demás. Quería subir cada vez más alto hacia la cumbre del monte de la santidad.

NUESTRO AMIGO DECÍA: «HOY CASI NO SE HABLA DEL INFIERNO; ES UNA REALIDAD TAN PAVOROSA Y ATERRADORA QUE ME DA MIEDO SOLO PENSAR EN ÉL».

Cuenta su madre que Carlo utilizó una comparación para explicar la necesidad de confesar los pecados: «Igual que el globo aerostático, para subir más alto, necesita desprenderse de peso, así el alma para ascender hacia el Cielo necesita soltar esos pequeños pesos que son los pecados veniales» (Antonia Salzano, «El secreto de Carlo Acutis», pág. 172).

En las conversaciones con sus amigos, solía explicarles que la confesión también se llama sacramento de la misericordia, porque en este sacramento se hace presente la gracia que Jesús nos ganó cuando murió en la Cruz por nuestros pecados. Al recibirlo, les explicaba, es como si la misericordia de Jesús Crucificado se volcase sobre cada uno de nosotros para limpiarnos con su Sangre los pecados cometidos. Tan poderosa es la grandeza y la eficacia de la Confesión.

En sus ratos de oración ante el Santísimo Sacramento, algunas veces se paró a considerar los mensajes de la

Virgen en sus apariciones en Fátima, en 1917, en los que había avisado del peligro de una condenación eterna en el infierno.

Una de las aficiones preferidas de Carlo era la lectura y, entre otros libros, había leído varias vidas de santos. De esas lecturas sacaba ideas para el apostolado con sus amigos. Uno de los biógrafos de Carlo Acutis cuenta que «le habían impactado dos episodios, uno de san Juan Bosco y otro de san Francisco de Asís, en los cuales se ponía en evidencia el peligro de morir en pecado mortal. Carlo estaba convencido de que la gente (...) no piensa en absoluto sobre el riesgo de morir en pecado mortal» («Carlo Acutis», Nicola Gori, pág. 134).

También comentaba Carlo que algunos, en lugar de confesarse, acuden a consultar a un psicólogo con el propósito de que les cure de su tristeza o depresión. Sin embargo, él estaba convencido de que muchas veces ese tipo de enfermedades provienen del alejamiento de Dios. El fruto del sacramento de la penitencia es la paz y la alegría. Pensaba Carlo que es imposible vivir la verdadera alegría si nuestro corazón está lejos de Dios.

Cuando Carlo conoció que su enfermedad era mortal pronunció estas palabras: «Estoy feliz de morir, porque he vivido mi vida sin desperdiciar un minuto en las cosas que no agradan a Dios».

CAPÍTULO 8

LOS MEJORES AMIGOS DE CARLO

A estas alturas del libro, quizás pienses: «¡Jo, qué difícil me lo pone Carlo! ¡A veces parece que no es un chico de este mundo!» Sin embargo, nunca olvides que Carlo puso mucho de su parte, pero lo más importante ¿sabes quién lo puso? ¡Lo puso Dios!

Un campo en el que, sin duda, Carlo se esmeró fue el de la amistad. Carlo era de natural muy sociable, era amable y divertido. Aunque se llevaba bien con todo el mundo, sin duda tuvo sus preferencias, y quería más a determinadas personas.

Sentía un inmenso cariño hacia sus padres, aunque vivió especialmente unido a su madre. Antonia Salzano cuenta: «Carlo era muy obediente con nosotros. Siempre estaba dispuesto a hacer lo que le pidiéramos». Y añade una anécdota simpática: «Un día fuimos a un supermercado. Tenía unos cuatro años. Se acercó a él una niña pelirroja con muchos rizos, que llevaba un globo en su mano. Se acercó a Carlo y comenzó a hacerle burla. Carlo permaneció impasible. La niña le sacaba la lengua y hacia pedorretas, pero él continuaba impertérrito. Incluso la miró con dulzura y le sonrió. La niña puso cara de asombro, porque no podía entender tanta docilidad. Carlo tenía un carácter muy fuerte, pero él vivía de acuerdo con su amistad con Jesús y siempre se remitía a Él cuando tenía que decidir cómo comportarse («El secreto de Carlo Acutis», pág. 139).

Ese interés por las cosas de Dios no le vino a Carlo por sus padres, que en aquellos años todavía eran poco religiosos, sino por Beata, su niñera polaca. Como ya vimos, entre Carlo y Beata había buen rollo. Ella fue la que le llevó, desde muy pequeño, a conocer y amar mucho a Jesús. Sin duda, Carlo era muy dócil a los impulsos de la gracia divina, y la siembra de fe y amor a Jesús y a María que puso Beata en su corazón dio abundante fruto. Beata, al dar su testimonio sobre Carlo, recuerda que, a menudo, al salir de casa, iban juntos a alguna de las iglesias cercanas, y a Carlo le gustaba acercarse al sagrario para saludar a Jesús.

> **" "**
>
> *A VECES DECÍA CARLO: «TODOS NACEN SIENDO UN ORIGINAL, PERO MUCHOS MUEREN COMO FOTOCOPIAS». QUERÍA DECIR QUE DIOS TIENE UN PLAN ESTUPENDO PARA CADA UNO DE NOSOTROS, Y A VECES SE LO ESTROPEAMOS UN POCO.*

Carlo tuvo también una relación muy cercana con sus abuelos. En cierta ocasión, los padres de Carlo, al salir de viaje, dejaron al niño con los padres de Antonia. Surgió así una amistad entrañable entre Carlo y su abuelo materno. Esa relación afectuosa continuó posteriormente, de modo que, cuando Antonia acudía a su jornada laboral, dejaba antes a Carlo en casa del abuelo, sabiendo que quedaba en buenas manos.

El verano de 2004, Carlo, que acababa de cumplir 14 años, pasó unos días con sus abuelos paternos en Santa Margarita, un pueblo costero cercano a Génova. Allí, su abuelo tenía un pequeño barco de recreo, y juntos disfrutaban navegando. Uno de esos días, Carlo le pidió a su abuelo navegar a mar abierto, pues tenía la ilusión de ver delfines, un animal que le gustaba especialmente. Su abuelo accedió, aunque le advirtió de que esos peces no se dejan ver fácilmente. Nada más terminar la frase, se vieron rodeados por cientos de delfines que saltaban alegremente cerca del barco. Horas después, Carlo confesó a su madre que esa mañana, antes de la excursión, había pedido a Jesús ver ese día delfines en el mar.

Otra relación amistosa que mantuvo Carlo durante años fue con las monjas del Monasterio de Romite, donde había recibido su primera Comunión. De vez en cuando, pedía a su madre que lo acompañara a visitarlas para pedirles oraciones por la conversión de algunos conocidos suyos y por las almas del purgatorio.

De su amigo persa Rajesh ya hemos hablado en un capítulo anterior. En esa relación se ve la forma en que Carlo entendía la amistad: como una relación en la que se desea lo mejor para el amigo; en este caso, dándole a conocer a Jesucristo, lo que llevó a Rajesh a su conversión y a pedir ser admitido en la Iglesia católica mediante el sacramento del Bautismo.

En cuanto a la amistad de Carlo con sus compañeros del liceo y con otros chicos de su edad, el gran secreto de Carlo, como ya vimos en capítulos anteriores, fue mirar a los demás como lo que son: criaturas de Dios, hijos de Dios y hermanos nuestros. Con todos se llevó bien, y prestó especial atención a los más  desfavorecidos y a quienes tuvieran alguna necesidad.

CAPÍTULO 9

«LA ÚNICA MUJER DE MI VIDA»

Carlo Acutis nos dejó en su bloc de notas una colección de frases a cuál más profunda, curiosa o simpática. En una de ellas nos dice a quién llevaba en su corazón: «María es la única mujer de mi vida».

Sin duda, cuando Carlo tenía 15 años era un muchacho atractivo y simpático, que llamaba la atención de muchas jovencitas de su edad. Algunas de ellas buscaban su amistad, o acudían a él para que les solucionara un problema informático.

Cierto día, besó en la mejilla a una amiga suya que se encontraba muy triste. Seguramente fue un gesto de caridad, más que un impulso de atracción sexual. Le gustaban las chicas, como a cualquier chico de su edad, pero sabía respetarlas y valorar su dignidad.

A Carlo, el «enamorado de la Eucaristía», le impresionaban las palabras de San Juan Pablo II, que llamaba a la Virgen María la Mujer eucarística, por haber portado en su seno al Dios encarnado.

Ver FOTOS 33 y 42 de la galería fotográfica 📷

Al leer y meditar el Evangelio de san Juan, le gustaba detenerse en el relato de las bodas de Caná, uno de sus pasajes preferidos. Le llamaban especialmente la atención las palabras que María había dirigido a los criados de la boda: «Haced lo que Él os diga». Veía en esta frase un resumen de la vida de la Virgen María, la criatura más humilde y obediente a la voluntad de Dios. Carlo deseaba con todo su corazón parecerse a Ella cada día más.

También le impresionaba la presencia de María junto a la Cruz, plenamente unida al sacrificio de su Hijo; y meditaba las palabras de Jesús cuando nos dio a María por Madre nuestra. Carlo pedía a la Virgen María que le enseñase a ser un buen discípulo de Jesús.

Desde muy pequeño, Carlo buscó la cercanía de la Virgen María. Fue Beata, su niñera, quien comenzó a poner en su corazón los primeros sentimientos de filiación mariana. Ella enseñó a Carlo a llevar en el mes de mayo unas flores a una imagen de la Virgen y a echarle besos.

Hacia los once años, Carlo manifestó a su madre el deseo de visitar los principales Santuarios dedicados a Nuestra Señora. La primera visita fue a la Virgen de Pompeya. La familia tenía un especial cariño por este Santuario, donde se había casado una de las bisabuelas de Carlo, y allí había hecho el propósito de rezar el Rosario todos los días. En Pompeya, vio unos grandes paneles dedicados a escenas de la vida de la Virgen María; esto le llevó a pensar que podría preparar una exposición dedicada a los Santuarios Marianos.

Cuando iba a cumplir doce años, sus padres lo llevaron al Santuario de Lourdes, donde Carlo quedó fascinado por la historia de Bernardette, la niña analfabeta a la que se había aparecido la Virgen María en ese lugar y le había confiado su mensaje celestial: «Yo soy la Inmaculada Concepción». En ese viaje conoció Carlo unas palabras atribuidas a Bernardette que le impresionaron: Si la Virgen María hubiera encontrado una persona que valiera menos que yo, la habría escogido a ella.

Un año más tarde, fue con sus padres a Fátima (Portugal), donde la Virgen María se había aparecido a tres pastorcitos. Durante el viaje, Carlo leyó el libro «Memorias de Lucia», en el que se narran tantos detalles de las apariciones de Nuestra Señora en Fátima. Esa lectura impresionó a Carlo, que grabó en su memoria ese bello relato. Corría el año 1917, cuando la Virgen María se apareció a tres pastorcitos, llamados Jacinta, Francisco y Lucía, que tenían 7, 9 y 10 años respectivamente. La misteriosa Señora se les apareció seis veces consecutivas, entre mayo y octubre de 1917. En todas les pidió que rezaran cada día el Santo Rosario.

Conocer las memorias de Lucia hizo ver a Carlo la íntima relación entre Fátima y la Eucaristía, sobre todo al leer en las Memorias de Lucia que un Ángel se apareció a los tres niños unos días antes de la primera visita de la Virgen cuando estaban cuidando sus ovejas en un

lugar llamado El Cabeço. Durante esta aparición el Ángel dio la Sagrada Comunión a los tres pastorcitos.

Carlo veía el Rosario como un arma para la lucha cristiana y un compendio de todo el Evangelio. Como dijo San Juan XXIII, «el Rosario es el Evangelio de los pobres». Y Carlo Acutis aseguró que «el Rosario es la escalera más corta para subir al Cielo».

CAPÍTULO 10

UN APOSTOL PARA NUESTRO TIEMPO

Para entender cómo llegó Carlo a convertirse en un celoso apóstol de Jesucristo, conviene que recordemos algunos antecedentes de su infancia, pues fueron determinantes para su futura misión apostólica.

Como hemos visto, sus padres no eran católicos practicantes, pero decidieron, siguiendo la costumbre familiar, que Carlo, a los pocos días de nacer, recibiera el sacramento del Bautismo.

La divina Providencia quiso que la madre de Carlo, al buscar una niñera para su pequeño, encontrara una joven estudiante polaca católica practicante, llamada Beata. Esta joven, además de cumplir muy bien su cometido como niñera, fue enseñando al pequeño Carlo los primeros rudimentos de la fe y de la piedad católica. El niño aprendió de ella, como por contagio, una fe viva y ardiente. Beata descubrió en aquel niño, al que quería como a un hijo, un alma muy bien dispuesta para que aquella siembra fuera creciendo.

Aunque sus padres no solían pisar la iglesia, el pequeño Carlo asistía todos los días a Misa con Beata. Él la veía recibir la Sagrada Comunión y quedarse devotamente recogida después durante unos minutos en diálogo con Jesús. Carlo, que era receptivo como una esponja, tomaría buena nota de aquella piedad sincera que veía en Beata.

Sin embargo, Carlo era un niño como cualquier otro, y el resto del día dedicaba sus energías a las actividades propias de su edad. Asistía a la escuela maternal de Milán y, en los recreos, jugaba al balón con sus amigos. Posteriormente, pasó a cursar la primaria en el colegio de las Marcelinas, cerca de la casa de sus padres. Allí pasó unos años, hasta que comenzó la escuela secundaria en el Liceo.

Además de asistir a las clases, por su cuenta fue aprendiendo informática de modo autodidacta, a partir de libros de texto universitarios. Ponto descubrió que la informática le abría un inmenso panorama, en su afán de que muchos otros niños, jóvenes y adultos, conocieran mejor las enseñanzas de Jesús y, en particular, su presencia real en la Eucaristía.

En uno de los capítulos anteriores hemos visto que Carlo poseía una especial sensibilidad para hacer amistad con personas que padecían alguna carencia o necesidad espiritual o material: compañeros que se veían marginados en el Liceo, porteros foráneos de su barrio, mendigos que encontraba en la puerta de algunas iglesias, pobres que pasaban las frías noches al raso en la ciudad. Para muchos de ellos tenía unas palabras de amistad o les llevaba una bolsa con comida caliente que preparaba en casa. Es conocida la anécdota de su amigo, «un sin techo», al que regaló un saco de dormir para las noches frías del invierno milanés. También colaboró en un voluntariado dirigido por los frailes capuchinos donde se servían miles de comidas a mendigos de Milán.

Carlo tenía especial interés por acercar a la fe en Jesucristo a los que se encontraban lejos de Él. Ya hemos relatado cómo fue acercando a la fe católica a Rajesh, el empleado doméstico persa con el que forjó una sincera amistad. Rajesh fue conociendo a Jesús a través de sus conversaciones con Carlo y de la lectura de la Biblia. Pasado un tiempo, comunicó a su amigo Carlo que había decidido prepararse para recibir el Bautismo en la Iglesia católica.

En este apostolado, Carlo no podía olvidarse de su propia familia, comenzando por sus padres. Su madre, Antonia Salzano, contó en una revista irlandesa en 2023, que su hijo era para ella un constante ejemplo de coherencia cristiana. «Yo era muy ignorante acerca de la fe católica. **Y entonces llegó Carlo, que fue para mí como un salvador».** Siendo aún un niño, «me preguntaba sobre cuestiones muy serias que yo no podía responder, y eso hacía que me sintiera incómoda».

Casi al mismo tiempo, de modo inesperado, murió el padre de Antonia de un ataque cardíaco. «Empecé a pensar sobre lo que ocurre después de la vida (...). Dos meses después de la muerte de mi padre, Carlo me dijo que su abuelo se le había aparecido en sueños y le había pedido oraciones porque estaba en el Purgatorio».

PALABRAS DE LA MADRE DE CARLO DESPUÉS DE SU CONVERSIÓN: «ESTE FUE EL DESCUBRIMIENTO MÁS IMPORTANTE DE MI VIDA: DESCUBRIR QUE EN EL SANTÍSIMO SACRAMENTO ESTÁ LA PRESENCIA REAL DE DIOS».

Antonia visitó al padre Ilio Carrai, a quien ella describe como «un sacerdote muy santo, llamado el Padre Pío de Bolonia». Se confesó con él y aquello fue el comienzo de una sincera conversión. Pero Antonia atribuye a su hijo Carlo el mérito de haberle ayudado a abrazar la plenitud de la fe católica. «Él fue quien me hizo entender que en la Eucaristía está realmente la gracia de Dios, que el Santísimo Sacramento es el cuerpo y el alma de Cristo, la presencia real de Cristo entre nosotros».

CAPÍTULO 11

UN GENIO DE LA INFORMÁTICA

El talento de Carlo Acutis para la utilización de las tecnologías de la información y para la evangelización a través del mundo digital, ha llevado a muchos a considerarlo «el santo patrón de Internet».

Desde que comenzó la enseñanza secundaria se fue preparando para diseñar páginas web. Junto a un amigo, estudiante de ingeniería informática, diseñó y dirigió la web de su parroquia. A partir de ahí, fue llamado para diseñar otras páginas, mostrando cómo internet puede ser un importante medio de evangelización.

Carlo vivió en medio de esta sociedad invadida por los medios de comunicación y fue muy consciente de su importancia en la configuración de la cultura moderna. Por eso, decidió utilizarlos correctamente como medios para difundir la verdad sobre el sentido de la vida, la amistad, el amor y sobre Dios. Carlo adquirió textos de nivel universitario para conocer y dominar mejor las herramientas del mundo digital.

Convencido de que el mundo necesita conocer mejor a Jesucristo y su presencia viva y vivificadora en el sacramento de la Eucaristía, decidió a los catorce años acometer la empresa de preparar y difundir por el mundo una Exposición sobre los milagros eucarísticos.

Rajesh, el empleado doméstico de la casa de los Acutis, cuenta cómo muchas veces vio a Carlo en su habitación trabajando con el ordenador. «Entonces yo le decía: Pero Carlo, ¿qué estás haciendo? Llevas muchas horas trabajando, tienes que descansar». Y él me respondía: «Piensa que además de las clases del colegio, tengo que preparar esta exposición. Esto no es un trabajo para mí, es un trabajo para el mundo. Hay mucha gente que necesita conocer estas cosas. Para mi hacerlo, ¡es mi deber!».

Y Carlo añadía que «la gente al ver los paneles de la exposición podrá comprender lo que ha sucedido: que Jesús es un personaje real, que es Dios y hombre a la vez, y nos ha dejado la Eucaristía, que es verdaderamente Él, su carne y su sangre. La gente debe conocer y sentir que Jesús no es solo un recuerdo, sino que vive para siempre entre nosotros... Este trabajo para mí es un deber». Son palabras de Carlo que Rajesh ha recordado con ocasión de alguna entrevista en televisión.

Antonia, la madre de Carlo, completa estas palabras de Rajesh: «En realidad mi marido y yo colaboramos con Carlo en la preparación de la exposición. Carlo nos involucraba en la necesidad de hacer viajes a los lugares donde habían sucedido esos hechos prodigiosos. Una vez allí sacábamos fotos, veíamos cuadros sobre esas escenas… Hubo mucha gente que se convirtió en colaboradores nuestros ayudando de muy diversas maneras. Había personas que nos confesaron que antes no eran practicantes, pero que al conocer a Carlo y escuchar sus razonamientos, habían vuelto a confesarse para recibir la Eucaristía. A veces he pensado que mi hijo había descubierto un gran secreto y sentía la necesidad de comunicarlo a muchas personas. A Carlo le preocupaba mucho que millones de personas vivieran con total indiferencia respecto a la fe y a su salvación. Y trataba por estos medios de abrirles los ojos para que descubrieran la verdad sobre Jesucristo y sus sacramentos. Con todo esto mi hijo manifestaba su gran amor a los demás, pues no pretendía otra cosa que ayudar a descubrir a mucha gente que estaban jugándose la felicidad eterna».

> *EL PAPA FRANCISCO PUSO COMO EJEMPLO A CARLO ACUTIS Y DIJO QUE MUCHOS JÓVENES TERMINAN «SIENDO MÁS DE LO MISMO, CORRIENDO DETRÁS DE LO QUE LES IMPONEN LOS PODEROSOS A TRAVÉS DE LOS MECANISMOS DE CONSUMO Y ATONTAMIENTO».*

Un profesor del Liceo de Milán, Fabrizio Zaggia, tuvo como alumno a Carlo y destaca que era un muchacho muy alegre y muy normal, jugaba al futbol en el equipo de su clase y hacía reír a sus compañeros y compañeras. Cuando en clase de Bioética este profesor trató del tema del aborto, recuerda que enseguida intervino Carlo y se vio que tenía las ideas muy claras sobre el asunto. Fabrizio relata que Carlo se detuvo en la cuestión del momento en el cual comienza la vida humana y dijo: «Está muy claro que la vida humana comienza desde el momento en que ha sido concebida, desde que el óvulo y el espermatozoide se juntan».

En la Exhortación Apostólica post-sinodal a los jóvenes «Christus Vivit» (2019), el papa Francisco también ha recordado a Carlos Acutis: «Es lo que hacía el joven Carlo Acutis. Él sabía muy bien que esos mecanismos de la comunicación, de la publicidad y de las redes sociales pueden ser utilizados para volvernos seres adormecidos, dependientes del consumo y

de las novedades que podemos comprar... Pero él fue capaz de usar las nuevas técnicas de comunicación para transmitir el Evangelio y comunicar valores y belleza».

CAPÍTULO 12

«EL CIELO NOS ESPERA»

La madre de Carlo ha contado en diversas entrevistas a medios de comunicación muchas cosas sobre él. Una de ellas, es que solía repetir esta frase: «Deberíamos vivir cada minuto de cada día como si fuera el último de nuestra vida».

¿Sabes por qué lo decía? Te lo cuento, pues no tiene desperdicio: en una ocasión Carlo tuvo una experiencia sobrenatural impresionante, en la que Dios le permitió tener una conversación con una niña santa que está en el Cielo, Jacinta de Fátima, quien junto a su hermano Francisco y su prima Lucía recibió hace muchos años varias visitas de la Virgen María.

En aquella conversación, Jacinta habló a Carlo de la enorme importancia de pensar en la eternidad, que es la vida que nos espera después de la muerte. La idea de que muchas personas se irán al infierno, si no se convierten a Dios, dejó muy preocupado a Carlo. Este, desde entonces comenzó a rezar y a ofrecer sacrificios por la conversión y la salvación de todos los hombres.

Cuando Carlo murió, sus padres quedaron llenos de tristeza. Sin embargo, con el transcurso del tiempo, se fueron dando cuenta de que nuestro amigo era un privilegiado, un escogido de Dios para dar un mensaje al mundo y, en especial, a los jóvenes.

Poco tiempo después de su muerte, su madre encontró un vídeo casero, autograbado por Carlo, en el que decía: ==«Yo estoy destinado a morir».== Lo más curioso es que lo decía sonriente, sin asomo de temor, tal era su seguridad de que iba camino del Cielo. En otra ocasión, unos días antes de morir y pensando en

el dolor que su muerte iba a ocasionar a su madre, le aseguró que ella tendría más hijos. Así ocurrió, y cuatro años después de morir Carlo, Antonia Salzano, con más de cuarenta años, dio a luz a los mellizos Francesca y Michele, quienes llenaron de alegría el hogar de sus padres: Los dos, que ahora son adolescentes, siguen fielmente el ejemplo y las enseñanzas de su hermano Carlo.

Por todas estas cosas, más lo que ya has ido leyendo acerca de su vida y su trato a todos los que estaban cerca de él, no nos puede extrañar que cuantos le conocieron dijeran de él que era un «santo», desde el mismo día que murió.

> ❝ ❞
>
> CARLO ESTABA CONVENCIDO DE QUE LOS JÓVENES DE HOY NECESITAN CON URGENCIA ESCUCHAR ESTE MENSAJE: «LA VIDA CON CRISTO ES MUY BELLA Y HAY QUE VIVIRLA EN PLENITUD».

La noticia de su muerte se extendió rápidamente entre sus amigos y compañeros. Al funeral de Carlo, celebrado en Asís, asistieron tantas personas que muchas se tuvieron que quedar fuera de la iglesia. Sus padres estaban asombrados al ver tal multitud, entre los cuales había numerosos indigentes y personas que los padres no habían visto nunca; incluso personas de otras religiones que se habían acercado a Jesús gracias a su hijo.

La fama de santidad de Carlo hizo que pronto se abriera la causa de beatificación. Esto, que puede sonar un poco raro, es sencillo de entender: cuando en la Iglesia muere una persona con amplia fama de santidad (o sea, que ya está con Dios en el Cielo), se investiga su vida y se entrevista a muchas de las personas que le conocieron para comprobar que realmente fue alguien que vivió en grado heroico las virtudes cristianas.

Si esta investigación es positiva, es necesario que posteriormente se obtenga un milagro por su intercesión, como signo de que Dios quiere que sepamos que ese cristiano está junto a Él en el Cielo y que se le puede rezar y dar culto. En el caso de nuestro amigo, el milagro para la beatificación fue así: un niño llamado Matheus fue curado de un gravísimo cáncer de páncreas incurable. Estando ya desahuciado, su madre empezó a rezar a Carlo Acutis pidiéndole que, por su intercesión, Dios hiciera el milagro de la curación de Matheus. Unos días después, el día 12 de octubre de 2013, Matheus, teniendo en sus manos la estampa de Carlo Acutis, ¡se sintió repentinamente curado!

El papa Francisco, en una ceremonia muy emocionante, declaró «beato» a Carlo Acutis el 10 de octubre de 2020. Para declararle «santo» hacía falta un segundo milagro. ¡Y ocurrió! Una chica de Costa Rica de 21 años un día se rompió la cabeza al caerse de su bicicleta en Florencia. Los médicos apenas podían hacer nada para salvarla. Entonces su madre fue a la ciudad de Asís, que es donde está enterrado Carlo, y allí ante su sepultura, con mucha fe, le rogó a Carlo que pidiera un milagro a Dios para la curación de su hija. Cuando volvió al hospital la chica, que se llama Valeria... ¡¡estaba curada!! Así que Carlo Acutis es oficialmente santo desde el 7 de septiembre de 2025.

Carlo Acutis, sin duda, ha sido un elegido de Dios para una misión universal: ayudar a muchos niños y jóvenes a vivir muy cerca de Jesús, recibiendo frecuentemente la Eucaristía que es la «autopista para el Cielo» que nos dejó Jesús.

Este libro se terminó
de editar en Madrid
el 6 de julio de 2025,
santa María Goretti.